목차

멸종됐지만 잊지 말아야 할 동물들   4

멸종 동물 지도   6

아시아(ASIA)
벨로키랍토르, 프로토케라톱스   8
털 매머드   10
양쯔강 돌고래   12
타이완 구름표범   14

오스트랄라시아(AUSTRALASIA)
쿤바라사우루스   16
자이언트 모아   18
태즈메이니아 주머니늑대, 위부화 개구리   20

아프리카(AFRICA)
스피노사우루스   22
난쟁이하마, 코알라 여우원숭이, 자이언트 아이아이원숭이   24
도도새   26
아틀라스 불곰   28

해양(OCEAN)
메갈로돈   30
카메로케라스, 자이언트 바다전갈   32
스텔라 바다소   34

남아메리카(SOUTH AMERICA)
파타고티탄 36
글립토돈, 메가테리움 38
핀타섬 땅거북 40

북아메리카(NORTH AMERICA)
케찰코아틀루스 42
다이어 울프, 검치호랑이 44
나그네비둘기, 캐롤라이나 앵무새 46
자메이카 자이언트 갤리와스프, 자메이카 레이서 48

유럽(EUROPE)
메가네우라 50
동굴 하이에나 52
큰바다쇠오리 54
피레네 산양, 오록스 56

대멸종 사건 58

나사로 종(LAZARUS SPECIES) 60
보르네오 무지개 두꺼비
검정지느러미 상어
버뮤다 슴새
뉴기니 고산 야생 개
실러캔스
차코페커리

멸종 연대기 62

멸종됐지만 잊지 말아야 할 동물들

제스 프렌치 박사의 글

저는 한때 인간과 함께 지구에 살았던 생명체들의 이야기에 마음을 뺏기곤 합니다. 그림이나 기록된 자료를 보고 박물관에 전시된 동물 표본을 관람하면서 지금은 볼 수 없는 동물들의 모습을 연구하는 일을 매우 좋아합니다.

어떤 동물은 너무 오래전에 멸종되어 그림이나 자료가 없고, 전시할 표본이 없는 경우도 많습니다. 이런 경우 과학자들은 주로 화석으로 연구하는데, 화석 대부분은 이빨이나 뼈 같이 멸종된 동물의 일부분에 불과합니다. 이런 탓에 우리가 멸종된 동물을 제대로 연구하고 있는지 걱정이 되기도 합니다. 하지만 운 좋게도 항상 새로운 화석들이 발견되고 있고, 이러한 발견은 과학자들이 멸종 동물에 대한 퍼즐을 맞추는 데 큰 힌트가 됩니다.

공룡이나 털 매머드와 같은 멸종 동물들이 살았을 때를 상상하기는 어렵지만, 당시 지구의 모습은 지금과 매우 달랐습니다. 지구는 수십억 년이라는 긴 시간 동안 믿을 수 없을 만큼 놀라운 변화를 겪었습니다. 대륙은 계속해서 움직였고, 산들은 솟아올랐다가 사라졌으며, 바다는 넓어졌다가 좁아지길 반복했습니다. 기후 변화로 무더운 사막이 차갑게 얼어붙기도 했습니다.

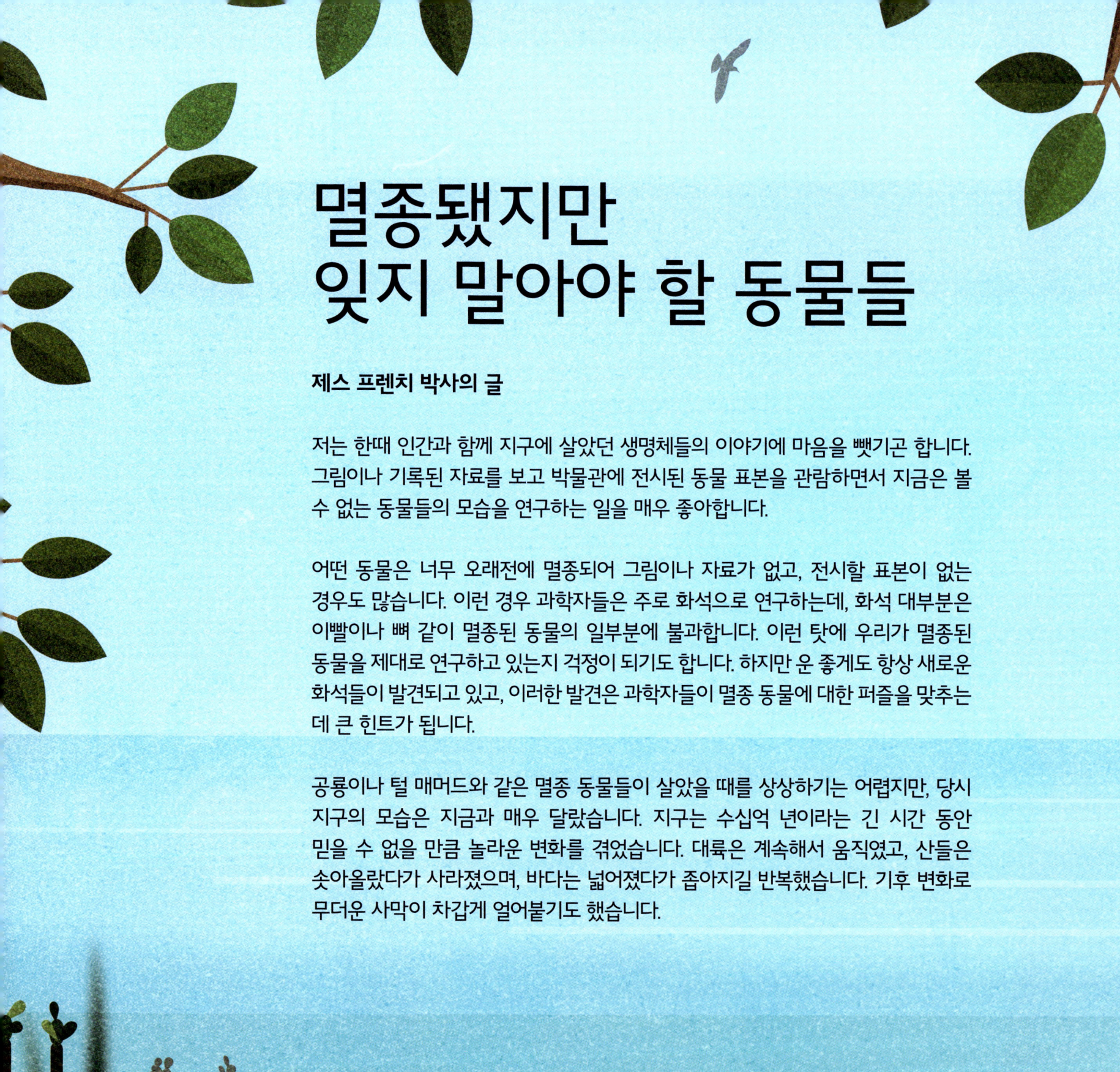

이렇게 지구에 변화가 생기면, 동물들은 새로운 환경에 적응해야 합니다. 만약 적응하지 못하거나 새로운 서식지를 찾지 못하면 멸종되기도 합니다. 이런 과정은 '진화'라는 자연스러운 현상입니다. 물론 적응하지 못한 동물들이 영원히 사라지는 것은 슬픈 일입니다. 반면 진화를 통해 새로운 생명체들이 나타나 멸종된 동물을 대체하기도 하는데, 이는 매우 흥미로운 변화입니다.

최근에는 동물들의 멸종 속도가 점점 빨라지고 있습니다. 과학자들은 이 현상이 자연스러운 진화의 과정이 아니라, 인간의 잘못된 행동 때문에 나타난다고 보고 있습니다. 인간은 지난 수 세기 동안 다양한 종을 멸종시켰고, 지금도 여전히 파괴하고 있습니다. 그러므로 우리는 잃어버린 소중한 생명을 연구하고, 같은 실수를 반복하지 않도록 노력하는 것이 무엇보다 중요합니다.

저는 여러분이 이 책을 통해 희귀하고 매혹적인 동물들을 발견하는 즐거움을 느끼길 기대합니다. 그리고 아름답고 놀라운 생명들이 우리와 함께 지구에서 오래 살 수 있도록 지켜주시기 바랍니다.

Jess French

벨로키랍토르(VELOCIRAPTOR)

벨로키랍토르의 가장 큰 특징은 긴 앞발과 낫처럼 날카로운 갈고리발톱입니다. 사냥감을 꼼짝 못 하게 꽉 무는 강력한 사냥 무기입니다.

벨로키랍토르는 몸 크기가 개보다 작은 중간 크기의 공룡입니다. 하지만 성질이 매우 포악합니다. 몸에는 깃털이 나 있으며, 독수리처럼 먹이를 낚아챌 수 있는 날카로운 이빨과 갈고리발톱을 가지고 있습니다.

수백만 년 전, 강한 황사 폭풍이 갑작스레 중앙아시아의 뜨거운 모래사막을 덮쳤습니다. 이때 모래폭풍 밑에 깔려 죽은 동물들이 화석이 되었고, 인간에 의해 발견되었습니다. 세계에서 가장 유명한 화석 중 하나가 벨로키랍토르와 프로토케라톱스가 싸우는 모습의 화석입니다.

분포 지역
중국, 몽골, 러시아
(화석이 발견된 곳으로 추정)

멸종 시기
약 7천만 년 전

멸종 원인
밝혀지지 않음

프로토케라톱스(PROTOCERATOPS)

프로토케라톱스는 작고 다부진 몸집의 초식 공룡입니다.
공룡 세계에서는 양으로 여겨질 정도로 순한 편입니다.

프로토케라톱스는 무리 지어 사막을 돌아다니며 갈고리 모양의 부리로 풀을 뜯어 먹고 살았습니다. 짝을 유혹하기 위해 사용된 것으로 보이는 목 주위의 큰 프릴은 프로토케라톱스를 매우 독특하게 보이게 했습니다.

벨로키랍토르와 프로토케라톱스의 멸종 원인은 정확히 밝혀지지 않았지만, 멸종된 시기는 백악기 대멸종 전으로 추정됩니다. 이 시기에 지구 생물체 절반 이상이 사라졌습니다. 그 이유는 기후 변화와 화산 폭발 등으로 추측되는데, 가장 유력한 원인은 운석 충돌로 꼽힙니다.

분포 지역
중국, 몽골, 러시아
(화석이 발견된 곳으로 추정)

멸종 시기
약 7천만 년 전

멸종 원인
밝혀지지 않음

털 매머드(WOOLLY MAMMOTH)

털 매머드는 오늘날 코끼리와 유전적으로 매운 가까운 사촌 관계인 동물입니다. 무게가 6t(톤)이나 될 정도로 거대합니다.

수천 년 전, 털 매머드는 시베리아 지역의 '매머드 스텝'이라 불리는 차갑고 건조한 대초원을 거닐었습니다. 수북이 난 긴 털과 두꺼운 피부 지방으로 체온을 따뜻하게 유지했고, 길게 휘어진 커다란 상아로 깊은 눈 속에서도 쉽게 먹이를 찾았습니다. 이런 털 매머드의 독특한 신체 조건 덕분에 혹독한 빙하기에도 잘 적응해서 살아남을 수 있었습니다.

매머드 스텝의 자연환경은 과학자들이 털 매머드에 대해 더 자세히 연구할 수 있게 해 주었습니다. 털 매머드 화석은 발견됐을 때 근육과 혈액, 치아, 뼈, 심지어 위 안의 음식물까지 보존된 상태였습니다. 당시 이 지역의 자연환경이 워낙 춥고 건조해서 털 매머드를 그대로 꽁꽁 얼어붙게 했기 때문입니다.

▼ **분포 지역**
아시아, 북아메리카, 유럽
(화석이 발견된 곳으로 추정)

❗ **멸종 시기**
약 4천 년 전

◎ **멸종 원인**
지구 온난화, 서식지 감소, 사냥

털 매머드는 빙하기가 끝난 뒤, 지구 온난화와 서식지 감소, 인간의 사냥으로 멸종된 것으로 알려져 있습니다. 털 매머드는 본토 지역에서는 약 1만 년 전에 멸종되었지만, 작은 외딴섬에서는 약 4천 년 전까지도 존재한 것으로 추측됩니다.

양쯔강 돌고래
(CHINESE RIVER DOLPHIN)

분포 지역
중국

멸종 시기
2006년

멸종 원인
낚시, 어선 충돌, 해양 오염

양쯔강 돌고래는 아시아에서 가장 긴 양쯔강에서 수천 년 동안 서식했습니다. 몸은 탁한 강물을 밝게 할 만큼 푸른 빛이 도는 하얀색을 띠고, 가늘고 긴 부리의 끝이 위로 향해 있어 항상 웃는 것처럼 보였습니다.

눈이 작고 시력이 나쁜 양쯔강 돌고래는 어두운 물속을 헤엄치기 위해 '반향위치결정법'을 사용합니다. 반향위치결정법은 음향 신호를 쏴서 반사되어 돌아오는 반향을 통해 주변의 장애물을 파악하는 음파 탐지 기술입니다. 양쯔강 돌고래는 '딸깍' 거리는 소리를 내어 메아리를 듣는 방식으로 바닷속 물체나 먹이를 확인합니다.

안타깝게도 양쯔강 돌고래는 양쯔강 지역의 무분별한 개발로 인해 생존의 위협을 받게 되었습니다. 사냥과 해양 오염, 무분별한 낚시, 그리고 강을 오가던 배와의 충돌 때문입니다.

1997년 이후 환경운동가들의 조사에 따르면 양쯔강 돌고래의 개체 수는 점점 줄었습니다. 당시 겨우 13마리가 발견됐고, 2006년에는 단 한 마리도 확인하지 못했습니다. 어부들이 가끔씩 양쯔강 돌고래를 봤다고 주장했지만 정확히 확인되지 않았고, 과학자들은 공식적으로 양쯔강 돌고래의 멸종을 선언하였습니다.

타이완 구름표범
(FORMOSAN CLOUDED LEOPARD)

타이완 구름표범이 살아 있는 모습을 본 과학자는 거의 없습니다. 그래서 일부 과학자들은 타이완 구름 표범이 실제로 존재했었는지 의심하기도 합니다.

타이완 구름표범은 타이완 섬의 울창한 열대 우림 사이를 미끄러지듯 민첩하게 다니며 생활했습니다. 그러나 13세기 초부터 아름다운 무늬의 가죽을 노리는 사냥꾼 때문에 산속 깊숙이 몸을 숨겨야 했습니다. 또한 1900년대 후반에는 사람들이 나무를 과도하게 베어내 서식지가 파괴되었습니다. 이로 인해 타이완 구름표범은 타이완의 다우산에서 마지막으로 목격된 이후 완전히 자취를 감추었습니다.

분포 지역
타이완

멸종 시기
2013년

멸종 원인
사냥, 서식지 감소

환경운동가들은 2001년부터 13년 동안 타이완 구름표범의 마지막 개체를 찾기 위해 노력했습니다. 하지만 그 흔적을 찾지 못했고, 2013년 타이완 구름표범이 더 이상 야생에 존재하지 않는다고 공식 발표했습니다.

쿤바라사우루스
(KUNBARRASAURUS)

쿤바라사우루스는 갑옷을 입은 듯 딱딱한 피부에 골판을 가지고 있어 마치 사마귀가 난 것처럼 보였습니다.

쿤바라사우루스는 몸길이가 3m가 되지 않고, 아주 작은 뇌를 가진 매우 작은 초소형 공룡입니다. 앵무새처럼 생긴 부리로 양치류나 씨앗 등 주로 식물을 먹었습니다. 쿤바라사우루스는 자신을 먹잇감으로 노리는 육식 공룡을 만났을 때 빠르게 도망칠 필요가 없었습니다. 온몸을 감싼 두꺼운 갑옷이 포식자들의 공격을 막아주었기 때문입니다.

▼ **분포 지역**
호주
(화석이 발견된 곳으로 추정)

❗ **멸종 시기**
밝혀지지 않음

◎ **멸종 원인**
밝혀지지 않음

1989년 호주의 퀸즈랜드 리치몬드에서 완벽한 상태로 보존된 쿤바라사우루스의 화석이 발견되었습니다. 당시 이 화석은 안킬로사우루스로 분류되었고, '민미'라는 이름으로 불렸습니다. 그러나 이어진 연구에서 민미의 생김새나 특징이 안킬로사우루스와 다르다는 사실이 밝혀졌고, 2015년 신종으로 인정받아 '쿤바라사우루스'라는 이름을 갖게 되었습니다.

자이언트 모아
(GIANT MOA)

자이언트 모아는 날지 못하는 새였습니다.

자이언트 모아는 몸 크기가 최대 3m 정도에 달할 정도로 거대했습니다. 타조처럼 기다란 다리로 약 천만 년 동안 뉴질랜드의 광활한 숲과 관목지대를 평화롭게 걸어 다녔습니다. 천적이 없어서 하늘을 날 필요가 없었고, 그 결과 날지 않는 새로 진화한 것입니다.

약 750년 전 마오리족이 뉴질랜드에 정착한 이후 자이언트 모아의 개체 수는 급격히 감소했습니다. 마오리족이 식재료를 구하기 위해 자이언트 모아와 알을 무자비하게 사냥했기 때문입니다. 자이언트 모아의 깃털과 가죽, 뼈는 옷과 낚시용 바늘, 보석 등을 만드는 데 사용됐습니다. 이러한 이유로 자이언트 모아가 멸종된 것으로 추정되고 있습니다.

1800년대 후반까지만 해도 일부 개체나 발자국을 보았다는 주장이 이어졌지만 자이언트 모아의 정확한 멸종 시기는 확인되지 않았습니다.

▼ 분포 지역
뉴질랜드

❗ 멸종 시기
1400년 ~ 1700년 사이

◎ 멸종 원인
사냥

태즈메이니아 주머니늑대
(TASMANIAN WOLF)

분포 지역
호주, 뉴기니

멸종 시기
1936년

멸종 원인
사냥

'태즈메이니아 호랑이'라는 별명을 가진 태즈메이니아 주머니늑대는 어떤 다른 고양잇과 동물보다 캥거루와 유전적으로 가까운 관계입니다.

태즈메이니아 주머니늑대는 한때 호주 전역에 서식했지만, 멸종되기 전 수천 년 동안은 오직 태즈메이니아 섬에서만 살았습니다. 안타깝게도 농부들은 태즈메이니아 주머니늑대가 가축을 공격한다고 생각해서 현상금까지 걸고 무자비하게 사냥했습니다. 이 영향으로 태즈메이니아 주머니늑대는 멸종되고 말았습니다.

위부화 개구리
(GASTRIC BROODING FROG)

위부화 개구리들은 평범해 보이지만, 새끼를 부화하는 방법이 매우 독특합니다.

봄에 낳은 알이 수정되면, 꿀꺽 삼켰습니다. 알이 부화할 때까지 소화 활동을 멈춘 위 속에 담아 안전하게 지킨 겁니다. 약 6주가 지나면 알에서 태어난 새끼들은 온전한 개구리가 되어 어미의 입 밖으로 나옵니다. 위부화 개구리는 산불과 홍수로 인한 서식지 파괴와 곰팡이 균에 의해 멸종되었습니다.

분포 지역
호주, 뉴기니

멸종 시기
1980년대

멸종 원인
기후 변화, 서식지 감소, 곰팡이 감염

스피노사우루스(SPINOSAURUS)

역사상 가장 거대한 육식 공룡 중 하나인 스피노사우루스는 육지와 물을 오가며 사냥했습니다.

스피노사우루스는 등뼈가 자라면서 생긴 부채 모양의 긴 가시돌기를 가지고 있습니다. 돌기는 선명한 색을 띠는데, 짝을 유혹하기 위한 전략입니다. 일부 과학자들은 돌기로 몸집을 더 커 보이게 해서 경쟁자를 위협했다고 생각합니다. 또한 체온을 조절하고, 물속을 헤엄치기 위해 지느러미 역할을 했다고 추측하기도 합니다.

스피노사우루스는 사냥을 하기 위해 따뜻한 강가에 앉아 먹잇감이 지나가기를 기다리곤 했습니다. 그러다 먹잇감을 발견하면 날카로운 이빨로 낚아챘습니다. 때로는 지느러미 같은 긴 꼬리와 크고 튼튼한 앞발을 이용해 물고기를 사냥했던 것으로 보입니다.

약 9천 5백만 년 전, 북아프리카에 커다란 위기가 발생했습니다. 기온이 올라가면서 스피노사우루스가 사냥하던 강이 메마른 겁니다. 결국 이 거대한 포식자는 육지에서 생활하는 다른 포식자들에게 밀려 지구에서 영원히 사라졌습니다.

▼ **분포 지역**
북아프리카
(화석이 발견된 곳으로 추정)

❗ **멸종 시기**
약 9천 5백만 년 전

◎ **멸종 원인**
기후 변화, 서식지 감소

코알라 여우원숭이
(KOALA LEMUR)

코알라 여우원숭이는 원숭이보다 코알라를 더 닮았습니다.

침팬지만큼 덩치가 큰 코알라 여우원숭이는 마다가스카르 지역에서 살았습니다. 사람들에 의해 숲이 파괴되면서 멸종되었습니다.

분포 지역
마다가스카르

멸종 시기
600년 전

멸종 원인
서식지 감소

난쟁이하마
(DWARF HIPPOPOTAMUS)

우스꽝스럽게 생긴 난쟁이하마는 몸 크기가 개와 비슷할 정도로 작습니다.

난쟁이하마 화석에서는 종종 칼자국이 발견됩니다. 이를 통해 마다가스카르 원주민이 난쟁이하마를 먹잇감으로 사냥했다는 사실을 알 수 있었습니다. 인간의 무자비한 사냥으로 약 1천 년 전에 멸종되었다고 알려졌지만, 원주민들은 아직도 킬로필로핏소피 섬의 서쪽 해안에 난쟁이하마와 비슷한 생명체가 살고 있다고 주장하고 있습니다.

자이언트 아이아이원숭이
(GIANT AYE-AYE)

자이언트 아이아이원숭이는 여우원숭이의 일종으로, 박쥐를 닮았습니다.

야행성으로 주로 밤에 활동하며 과일이나 곤충을 잡아먹습니다. 먹이를 찾기 위해 가늘고 긴 셋째 손가락을 사용합니다. 자이언트 아이아이원숭이는 오늘날 마다가스카르에서 사는 아이아이원숭이보다 몸집이 2배 더 컸다고 알려져 있습니다.

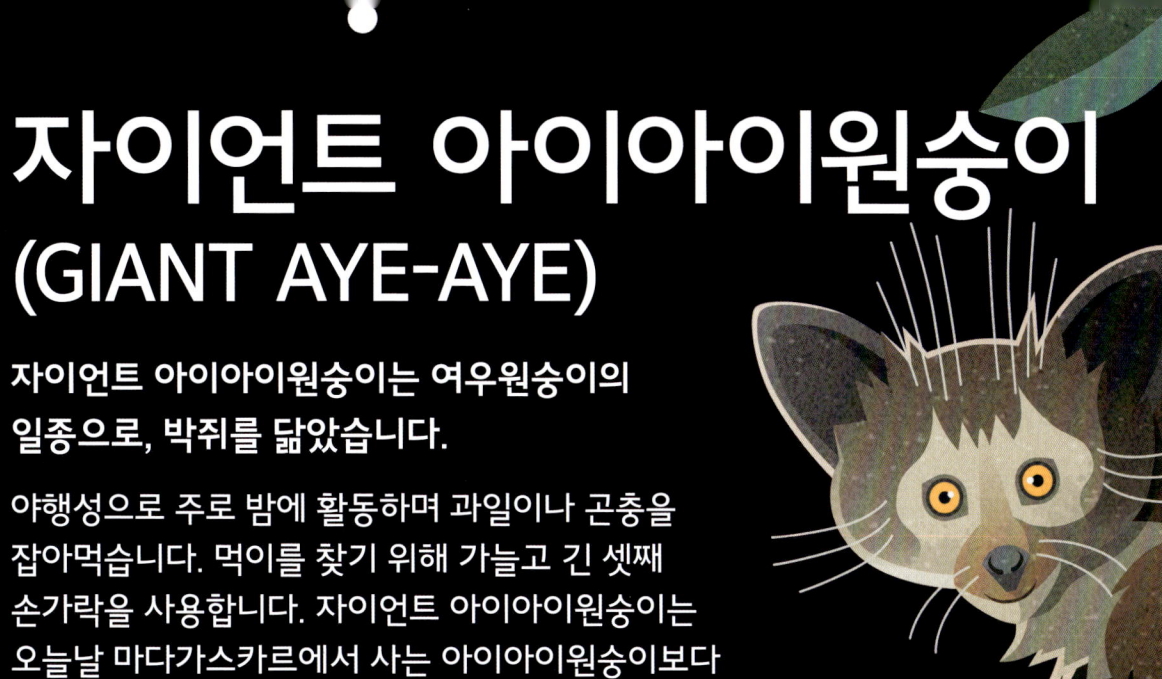

▼ **분포 지역**
마다가스카르

❗ **멸종 시기**
약 1천 년 전

◎ **멸종 원인**
사냥

사람들이 마다가스카르로 이주하면서 많은 동물들의 서식지가 파괴되었습니다. 유목지와 농장을 만들기 위해 나무를 자르고 광활한 숲에 불을 질렀기 때문입니다. 난쟁이하마와 코알라 여우원숭이, 자이언트 아이아이원숭이를 포함한 수백 종의 동물들이 사라졌습니다.

▼ **분포 지역**
마다가스카르

❗ **멸종 시기**
약 1천 년 전

◎ **멸종 원인**
사냥

도도새(DODO)

날지 못하는 거대한 도도새는 아마도 역사상 가장 유명한 멸종 동물일 것입니다.

도도새는 머리가 크고 깃털은 청회색이며 몸집에 비해 날개가 매우 작습니다. 땅에 둥지를 틀고 나무에서 떨어진 과일을 먹는 등 땅 위의 생활에 완벽하게 적응했습니다. 모리셔스 섬에는 천적이 없기 때문에 도도새에게 최상의 서식지였습니다. 하지만 1500년대 후반에 인간이 모리셔스 섬으로 이주하면서 상황이 달라졌습니다.

분포 지역
모리셔스

멸종 시기
1680년대

멸종 원인
포식자 유입, 사냥, 서식지 감소

1598년 네덜란드 항해사들이 데려온 돼지, 고양이, 개, 쥐 등 가축들이 도도새의 알과 어린 새끼를 무자비로 잡아먹었습니다. 무엇보다 도도새한테 가장 치명적인 포식자는 바로 인간이었습니다. 그동안 천적이 없었기 때문에 도망가는 법을 모르는 도도새는 인간의 공격에 속수무책으로 당할 수 밖에 없었습니다.

아틀라스 불곰(ATLAS BEAR)

으리으리한 몸집의 아틀라스 불곰은 로마 시대에 전쟁 포로들과 전투를 벌여야 했습니다.

한때 아틀라스산맥의 숲에서 쉽게 볼 수 있었던 아틀라스 불곰은 아프리카에서 마지막으로 살아남은 곰입니다. 주둥이가 짧고 갈색 털이 온몸을 덮고 있지만, 가슴 부위는 붉은 오렌지색을 띠는 것이 특징입니다. 아틀라스 불곰은 원래 육식동물에서 진화했지만, 주로 식물과 견과류, 베리류 등 식물성 먹이를 먹었습니다.

고대 로마인들은 잔인한 스포츠 경기를 위해 아틀라스 불곰을 마구 잡아들였습니다. 곰들은 엄청난 군중이 지켜보는 가운데 전쟁 포로, 노예, 검투사, 심지어 사자, 호랑이와 전투를 벌였습니다.

19세기 아프리카 전역에서 사람들이 총을 사용하기 시작하며 야생에서 아틀라스 곰의 개체 수는 점점 줄어들었습니다. 19세기 말에는 유럽에 동물원이 늘고 스포츠를 위한 사냥으로 인해 아틀라스 불곰이 멸종되었습니다.

메갈로돈(MEGALODON)

메갈로돈은 지구 역사상 가장 거대했던 상어로, 몸무게가 오늘날의 백상아리보다 무려 20배나 더 나갔습니다.

▽ 분포 지역
전 세계 온수성 해양
(화석이 발견된 곳으로 추정)

❗ 멸종 시기
약 260만 년 전

◎ 멸종 원인
먹잇감 감소

그리스어로 '거대한 이빨'이란 뜻의 메갈로돈은 크고 강력한 턱을 2m 이상 벌릴 수 있습니다. 또 뼈를 으깰 수 있을 정도로 날카로운 톱니 모양의 이빨이 가득합니다. 메갈로돈의 거대한 이빨 화석은 전세계 곳곳에서 발견되었습니다.

실제로 메갈로돈이 얼마나 컸는지 정확히 알려지지 않았습니다. 메갈로돈의 뼈는 다른 상어와 마찬가지로 연골로 이루어져 있어서 몸 전체 뼈가 화석으로 발견되기도 힘듭니다. 대부분 과학자들은 메갈로돈의 몸길이가 최대 20m 정도며, 무게가 90t에 이를 것으로 추정하고 있습니다.

메갈로돈은 지금까지 살았던 어떤 동물보다도 가장 강력한 이빨을 가지고 있었습니다. 작은 고래를 반으로 쪼갤 만큼 아주 강했습니다. 그러나 먹이 동물인 고래류의 개체 수가 줄고, 수온이 떨어지며 생태계가 변했습니다. 이로 인해 멸종된 것으로 추측됩니다.

카메로케라스
(CAMEROCERAS)

바다의 무서운 포식자인 카메로케라스는 인류 최초 공룡이 나오기 수백만 년 전 지구상에서 가장 큰 생명체였습니다.

▼ 분포 지역
유럽, 북아메리카, 중국
(화석이 발견된 곳으로 추정)

❗ 멸종 시기
약 4억 3천만 년 전

◎ 멸종 원인
지구 한랭화 (지구 냉각화)

카메로케라스는 오징어와 비슷하지만, 몸집은 훨씬 더 컸습니다. 원뿔 모양의 긴 껍데기와 큰 촉수를 가졌으며, 몸길이는 최대 10m에 달했습니다.

4억 년 전 거대한 카메로케라스는 어두운 바다 깊이 숨어있었습니다. 그러다 먹잇감이 나타나는 순간 가늘고 긴 근육질의 촉수를 이용해 사냥했습니다. 이후 촉수로 물고기와 커다란 바다 전갈을 단단히 움켜쥐고 날카로운 부리와 혀로 부숴 조각조각 뜯어먹었습니다.

카메로케라스는 수백만 년 동안 껍질에서 물방울을 빠르게 뿜어내는 방식으로 스스로 바닷속을 헤엄쳐 돌아다녔습니다. 하지만 카메로케라스에게 바닷물은 너무 차가워졌고, 약 4억 3천만 년 전에 멸종되었습니다.

자이언트 바다전갈(GIANT SEA SCORPION)

자이언트 바다전갈은 거대한 집게와 길고 뾰족한 꼬리가 특징입니다.

몸길이가 무려 2m에 이르는 자이언트 바다전갈은 먹이를 찾아 바다 밑바닥을 돌아다녔습니다. 그리고 먹잇감을 사냥할 때 무시무시한 집게발을 이용했습니다. 약 2억 5천만 년 전 화산이 폭발하면서 온실가스가 한꺼번에 뿜어져나왔고, 이로인해 페름기 대멸종이 발생했습니다. 이때 자이언트 바다 전갈은 완전히 자취를 감췄습니다.

분포 지역
유럽, 북아메리카, 서남아시아
(화석이 발견된 곳으로 추정)

멸종 시기
약 2억 5천 2백만 년 전

멸종 원인
대멸종사건

스텔라 바다소(STELLER'S SEA COW)

온화한 바다 거인인 스텔라 바다소는 자연학자 게오르크 빌헬름 스텔라가 발견한 지 30년 만에 사냥꾼들에 의해 멸종되었습니다.

스텔라 바다소는 겉모습이 오늘날의 해우나 듀공과 매우 비슷합니다. 몸길이는 최대 10m에 이르렀으며 무게는 10t이나 됩니다. 매우 사회적이고 사교적인 동물로 무리를 지어 생활하며, 주로 다시마와 해초류를 뜯어 먹는 초식동물입니다. '바다 소'라는 이름을 갖게된 이유입니다. 크고 주름진 몸, 짧은 가슴지느러미, 그리고 코가 말처럼 생긴 스텔라 바다소는 차가운 북극 해역을 느긋하게 헤엄쳤습니다.

1741년 스텔라 바다소가 처음 발견되었을 때, 과학자들은 바다 동물들이 멸종될 거라고 전혀 상상하지 못했습니다. 과학자들은 바다가 너무 넓어서 바다에 사는 모든 생명체가 죽는 건 불가능하다고 생각했지만, 안타깝게도 그 생각은 틀렸습니다.

바다의 얕은 수면을 떠다니는 스텔라 바다소는 지나가는 배에 쉽게 눈에 띄었고, 먹잇감을 찾던 선원들은 스텔라 바다소를 무분별하게 잡아들였습니다. 스텔라 바다소를 사냥해서 나온 고기는 선원들이 한 달 내내 배불리 먹을 수 있는 양이었고, 바다소의 지방은 아몬드 기름 맛이 나는 훌륭한 음식이었습니다. 이로 인해 1768년 무렵 바다소는 멸종되었습니다.

▼ 분포 지역
베링해

❗ 멸종 시기
1768년

◎ 멸종 원인
사냥

파타고티탄(PATAGOTITAN)

티라노사우루스 렉스 몸무게의 10배에 달하는 파타고티탄은 지구를 걸어 다닌 가장 큰 동물 중 하나였습니다.

2012년 남아메리카의 파타고니아에서 놀라운 공룡 화석이 발견되었습니다. 그러나 이 화석은 2017년이 되어서야 '파타고티탄'이란 공식적인 이름이 붙여졌습니다.

파타고티탄은 기린 키보다 3배나 높은 14m에 있는 식물을 뜯어 먹을 수 있을 정도로 목이 긴 거대 초식공룡입니다. 행동이 느리고 온순합니다. 몸집이 워낙 크기 때문에 터벅터벅 천천히 걷는 것조차 많은 힘이 필요합니다. 또한 파타고티탄의 심장은 피를 커다란 몸 전체에 골고루 보내야 했기 때문에, 성인 남자가 그 안에 서 있을 수 있을 정도로 어마어마하게 컸습니다.

▼ **분포 지역**
아르헨티나
(화석이 발견된 곳으로 추정)

❗ **멸종 시기**
밝혀지지 않음

◎ **멸종 원인**
밝혀지지 않음

고대 시대에 살았던 거대한 초식공룡은 보통 티라노사우루스로 알려져 있지만, 파타고티탄과 사촌 격인 아르젠티노사우루스와 푸에르타사우루스도 속합니다. 안타깝게도 이 거대한 초식 공룡들이 언제 어떻게 죽었는지는 거의 알려지지 않았습니다.

글립토돈(GLYPTODON)

아르마딜로의 친척뻘인 글립토돈은 생김새가 거북이와 비슷하며, 덩치는 자동차 크기만 합니다.

글립토돈은 빠른 단거리 선수는 아니었습니다. 글립토돈의 몸은 두꺼운 방어용 뼈판이 감싸고 있어서 무겁고 느립니다. 하지만 단단한 뼈판이 포식자의 공격을 막아주기 때문에 빨리 도망칠 필요가 없었습니다. 글립토돈은 잡식성으로 어떤 식물도 다 먹을 수 있었지만, 다리가 짧고 등의 두꺼운 뼈판 때문에 머리 위 높은 곳에 있는 덤불과 나무를 뜯어 먹을 수 없었습니다.

분포 지역
브라질, 우루과이, 아르헨티나
(화석이 발견된 곳으로 추정)

멸종 시기
약 1만 년 전

멸종 원인
사냥, 기후 변화, 서식지 감소

메가테리움(MEGATHERIUM)

나무늘보과에 속하는 메가테리움은 코끼리만큼 무겁고 덩치는 두 배나 컸습니다.

'거대한 짐승'이란 뜻의 메가테리움은 몸길이는 최대 6m, 무게는 4t에 달합니다. 큰 몸집 덕분에 두 발로 일어서면 높은 위치에 있는 나뭇가지를 끌어내릴 수 있습니다. 반면 오늘날의 나무늘보처럼 나무에 올라가지는 못했습니다.

▼ **분포 지역**
남미 전역
(화석이 발견된 곳으로 추정)

❗ **멸종 시기**
약 1만 년 전

◎ **멸종 원인**
사냥, 기후 변화, 서식지 감소

메가테리움과 글립토돈은 남아메리카의 광활한 숲과 평원을 거닐며 살았습니다. 하지만 고기와 가죽을 얻기 위한 사냥으로 점점 사라져갔고 기후 변화로 인해 영원히 모습을 감추었습니다.

핀타섬 땅거북
(PINTA ISLAND TORTOISE)

'외로운 조지'로 알려진 마지막 핀타섬 땅거북은 전 세계적으로 유명했습니다.

외로운 조지는 사망 당시 약 100살로 추정되며, 지구에 살아 있는 가장 희귀한 동물이었습니다. 몸길이는 1.5m에 달했으며, 야생말처럼 무겁고 거대했습니다. 자이언트 거북은 한때 갈라파고스 제도 전역에서 바다이구아나, 펭귄, 푸른발얼가니새 등과 함께 살았습니다. 대부분의 거북은 땅 아래 풀을 뜯어 먹지만, 핀타섬 땅거북은 긴 목을 늘려 높은 곳에 있는 키 큰 식물도 먹을 수 있었습니다.

해적과 포경선의 선원 그리고 상인들이 1800년대 초에 핀타 섬에 들어오면서 상황이 바뀌었습니다. 거북은 먹이와 물을 주지 않아도 배에서 수개월 동안 살 수 있었습니다. 이런 탓에 긴 항해를 준비하는 선원들은 식용을 목적으로 거북을 사냥했습니다. 또한 이주민들이 핀타 섬에 들여온 염소들이 주변의 풀을 모조리 뜯어 먹어 서식지가 파괴되었고, 초식동물인 거북은 안타깝게도 굶어 죽었습니다.

분포 지역
갈라파고스섬, 에콰도르

멸종 시기
2012년

멸종 원인
사냥, 먹잇감 감소

케찰코아틀루스
(QUETZALCOATLUS)

목이 길고 키가 큰 케찰코아틀루스는 마치 날아다니는 기린 같았습니다.

케찰코아틀루스는 6m 크기의 전투기만 한 날개를 가졌습니다. 어마어마한 덩치로 어떻게 하늘을 나는지 아무도 알 수 없었지만, 하늘을 나는 익룡 중 가장 거대한 큰 덩치를 자랑했습니다.

분포 지역
북아메리카

멸종 시기
약 6천 5백만 년 전

멸종 원인
대멸종사건

케찰코아틀루스는 지금의 미국 텍사스의 광활한 늪지대에서 살았습니다. 하늘을 날아다니며 죽은 동물의 사체를 찾아 먹는 시체청소부였을 것입니다. 케찰코아틀루스의 작고 날카로운 부리는 작은 동물들을 낚아채는 데 사용한 것으로 추측됩니다.

익룡은 공룡과 동시대에 함께 살았지만, 정확하게 공룡이 아닙니다. 익룡은 약 7천만 년 전에 멸종된 다양한 종류의 날아다니는 파충류로부터 진화했으며, 케찰코아틀루스는 백악기 후기에 유일하게 살아남은 익룡입니다. 과학자들은 케찰코아틀루스가 공룡 대부분이 멸종된 시기인 대멸종 사건 때 함께 사라졌다고 추정하고 있습니다.

다이어 울프(DIRE WOLF)

다이어 울프는 지금까지 살아 있는 개과 동물 중 가장 크고 무엇이든 물어뜯었습니다.

큰 이빨로 가장 좋아하는 먹잇감인 야생말의 뼈도 쉽게 씹어먹을 수 있습니다. 한때 북아메리카와 남아메리카에서 흔히 볼 수 있었습니다. 심지어 다이어 울프의 화석이 캐나다에서 볼리비아까지 상당히 넓은 지역에서 발견되었습니다.

분포 지역
북아메리카, 남아메리카
(화석이 발견된 곳으로 추정)

멸종 시기
약 1만 년 전

멸종 원인
대멸종사건

검치호랑이(SABRE-TOOTHED CAT)

검치호랑이는 무시무시한 송곳니를 가지고 있었습니다. 그 길이가 최대 20cm나 됩니다.

검치호랑이는 북남미의 탁 트인 초원에서 먹잇감을 함께 사냥하며 무리 생활을 했습니다. 다부진 몸과 벌어진 가슴은 검치호랑이를 곰처럼 보이게 했습니다. 크고 날카로운 긴 송곳니는 보기 보다 단단하지 않아서 조금의 충격에도 쉽게 부러졌습니다.

▼ **분포 지역**
북아메리카, 남아메리카
(화석이 발견된 곳으로 추정)

❗ **멸종 시기**
약 1만 년 전

◎ **멸종 원인**
대멸종사건

미국 LA 인근 라브레아 타르 연못에서 다이어 울프와 검치호랑이의 화석 수천 개가 발견됐습니다. 당시 먹이를 쫓다 타르 연못에 갇힌 것으로 추측됩니다. 이들의 멸종 원인이 무엇인지 정확히 알 수 없지만, 과학자들은 약 1만 년 전 일어난 대멸종사건 때문이라고 추측하고 있습니다.

나그네비둘기(PASSENGER PIGEON)

한 때 하늘을 시커멓게 뒤덮을 정도로 많은 나그네비둘기가 살았습니다.

나그네비둘기는 19세기 지구에서 다른 어떤 새보다 개체 수가 많은 종이었을지도 모릅니다. 미국과 캐나다에서 거대한 떼를 지어 날아다녔는데, 이 때에는 수 시간 동안 하늘이 깜깜해질 정도였습니다. 하지만 개체 수가 많은 만큼 사냥꾼의 눈에 잘 띄었고, 이로 인해 개체 수가 빠르게 줄었습니다.

사냥꾼들은 조직적이고 대규모로 나그네비둘기를 사냥했습니다. 그들은 야생에 나그네비둘기가 남아있지 않을 때까지 쫓아다녔고, 그 결과 1900년대에 단 한 마리만 남게 되었습니다. '마사'라는 이름으로 불린 마지막 나그네비둘기는 1914년 죽을 때까지 신시내티 동물원에서 살았습니다.

분포 지역
북아메리카

멸종 시기
1914년

멸종 원인
사냥

캐롤라이나 앵무새
(CAROLINA PARAKEET)

아름답고 밝은색의 깃털을 가진 캐롤라이나 앵무새는 미국의 유일한 토착 앵무새였습니다.

종종 농장의 나무 열매와 씨앗을 먹었는데, 농부들은 캐롤라이나 앵무새들이 농장을 습격한다고 생각했습니다. 또한 캐롤라이나 앵무새의 아름다운 깃털은 모자를 만드는 데 쓰였습니다. 이런 탓에 캐롤라이나 앵무새는 사냥꾼들의 표적이 되었습니다.

마지막 수컷 캐롤라이나 앵무새인 '잉카'는 나그네비둘기 '마사'와 함께 신시내티 동물원에서 지냈습니다.

▼ **분포 지역**
북아메리카

❗ **멸종 시기**
1918년

◎ **멸종 원인**
사냥, 서식지 감소, 애완동물 거래

자메이카 자이언트 갤리와스프
(JAMAICA GIANT GALLIWASP)

전설에 따르면 자메이카 자이언트 갤리와스프한테 한 번 물리면 생명이 위험할 정도로 강력하다고 합니다.

분포 지역
자메이카

멸종 시기
1800년대

멸종 원인
포식자 몽구스의 유입

자메이카 자이언트 갤리와스프는 매끄럽고 광택이 나는 비늘로 덮여 있었으며 날렵한 유선 모양의 몸집으로 포식자를 피해 재빨리 덤불 속으로 도망쳤습니다. 안타깝게도 1840년 이후로 자메이카 자이언트 갤리와스프의 흔적은 찾을 수 없었고 멸종된 것으로 추정하고 있습니다.

자메이카 레이서
(JAMAICAN RACER)

자메이카 레이서는 번개처럼 빨랐습니다.

빠르고 사나운 자메이카 레이서는 먹이동물인 도마뱀, 개구리, 새를 찾기 위해 덤불을 헤치고 다녔습니다. 주로 낮에 활동하고 밤에는 바위와 통나무 밑에서 지냈습니다.

분포 지역
자메이카

멸종 시기
1800년대

멸종 원인
포식자 몽구스의 유입

자메이카 자이언트 갤리와스프와 자메이카 레이서는 새로운 포식자인 몽구스의 등장으로 멸종되었습니다. 1872년 사람들은 쥐를 없애기 위해 섬에 몽구스를 들여왔고, 이후 몽구스는 땅에 둥지를 튼 수십 마리의 새, 뱀과 도마뱀을 멸종시킨 주범으로 지목되었습니다.

메가네우라
(MEGANEURA)

오늘날의 잠자리보다 최소 10배나 큰 메가네우라는 지구 역사상 가장 거대한 곤충 중 하나였습니다.

메가네우라는 거대한 겹눈과 속이 훤히 들여다보이는 커다란 날개를 갖고 있습니다. 날개폭이 독수리처럼 크다는 것만 빼고는 오늘날의 잠자리와 많이 닮았습니다. 마치 전투기처럼 열대 지역을 빠르게 날며 공중에서 곤충이나 양서류를 잡아먹었습니다.

메가네우라가 살았던 당시 유럽은 습한 습지림이었는데, 메가네우라의 거대한 유충이나 다양한 곤충들이 번식하며 살기에 완벽한 서식지였습니다. 잠자리처럼 물속에서 알을 낳았고, 알에서 깨어난 유충은 거미, 곤충, 심지어 작은 양서류를 먹고 살았습니다.

분포 지역
프랑스, 영국
(화석이 발견된 곳으로 추정)

멸종 시기
약 3억 년 전

멸종 원인
산소 농도 저하, 기후 변화, 서식지 감소

시간이 흐르면서 지구의 기온이 떨어지고 대기가 건조해짐에 따라, 습지림이 점차 사라지기 시작했습니다. 덩달아 잠자리의 크기도 작아졌고, 결국 멸종되었습니다.

동굴 하이에나(CAVE HYENA)

강한 턱으로 먹이 동물의 뼈를 으깨는 동굴 하이에나는 한때 야생마와 털코뿔소도 잡아먹었습니다.

보통 하이에나 하면 뜨거운 아프리카 세렝게티를 걷고 있는 모습을 떠올립니다. 하지만 빙하기 시대에 접어들면서 동굴 하이에나는 지금과는 전혀 다른 기후에 적응해야 했습니다. 다행히 짧은 귀와 다리 그리고 두꺼운 긴 털을 갖고 있어 추운 빙하기에 잘 적응할 수 있었습니다.

동굴 하이에나는 구석기 시대의 네안데르탈인과 함께 생활했습니다. 같이 사냥했고, 동굴에서 함께 생활한 것으로 추정됩니다. 하지만 먹이를 두고 서로 경쟁한 것으로 보입니다. 거대한 육식동물의 이빨 자국이 있는 네안데르탈인 유골이 발견됨에 따라 하이에나가 사람을 잡아먹었을 것이라는 주장도 나오고 있습니다.

■ 분포 지역
유럽
(화석이 발견된 곳으로 추정)

■ 멸종 시기
약 1만 년 전

■ 멸종 원인
기후 변화, 포식자와의 먹이 경쟁

지구 온난화로 하이에나의 먹이동물이 많이 사라졌습니다. 이로 인해 약 1만 년 전 동굴 하이에나가 멸종된 것으로 추측되고 있습니다.

큰바다쇠오리
(GREAT AUK)

외딴섬에서 집단 번식한 큰바다쇠오리는 19세기 선원들에게는 쉬운 사냥감이었습니다.

큰바다쇠오리는 짧고 뭉뚝한 날개와 검고 흰털 때문에 종종 펭귄으로 오해받았습니다. 육지에서는 펭귄처럼 서툴고 느렸지만, 물속에서는 짧은 날개와 다리를 이용해 빠르게 헤엄칠 수 있었습니다. 유선형의 몸으로 바닷속 100m 깊이까지 헤엄치며 갑각류와 큰 물고기를 사냥했습니다. 큰바다쇠오리는 펭귄처럼 무리지어 생활했으며, 암컷과 수컷이 함께 새끼를 돌봤습니다.

항해 중이던 선원들은 큰바다쇠오리의 움직임이 둔하고 느려서 사냥하기 쉽다는 것을 알았고, 큰바다쇠오리와 알을 식재료로 쓰기 위해 마구잡이로 잡아들였습니다. 또한 솜털은 베개에 사용되었고, 윤기 나는 검은 깃털은 모자와 드레스를 장식하는 데 쓰였습니다. 이런 탓에 개체 수가 점점 줄어들었고 이후 영원히 모습을 감추었습니다.

분포 지역
북대서양 인근 섬

멸종 시기
1844년

멸종 원인
사냥, 알 채집

피레네 산양
(PYRENEAN IBEX)

피레네 산양은 두 번이나 멸종됐습니다.

스페인어로 '부카르도'로 알려진 피레네 산양은 주로 험한 바위산에서 서식했습니다. 피레네 산양의 털은 춥고 눈이 오는 겨울에는 길고 두껍게 자라 몸을 보호했고, 다리는 짧고 민첩해서 피레네 산맥의 바위 절벽을 잘 탈 수 있었습니다.

중세시대에 흔히 볼 수 있었던 피레네 산양은 사냥으로 개체 수가 줄었습니다. 마지막 암컷인 '실리아'가 죽으며 멸종되었습니다. 하지만 과학자들은 실리아가 죽기 전 세포 중 일부를 얼렸고, 9년이 지난 뒤 실리아를 복제 하는 데 성공했습니다. 피레네 산양은 세계 최초의 동물 복원 성공 사례로 기록되었지만, 안타깝게도 오래 살지 못했습니다. 결국 피레네 산양은 두 번 멸종되었습니다.

분포 지역
프랑스, 스페인

멸종 시기
2000년(야생), 2009년(복제)

멸종 원인
사냥, 서식지 감소

오록스(AUROCHS)

- **분포 지역**: 유럽, 아시아, 북아프리카
- **멸종 시기**: 1627년
- **멸종 원인**: 사냥, 서식지 감소

로마 황제 줄리어스 시저의 기록에 따르면 거대한 오록스는 몸집이 코끼리만큼 컸다고 전해집니다.

오록스의 모습은 마치 오늘날 가축으로 키우는 소와 비슷하지만, 더 크고 강하고 훨씬 공격적이었습니다. 크고 매끄러운 뿔을 가진 거대한 오록스 무리는 인류가 멸종할 때까지 수백만 년 동안 지구의 사바나 초원을 돌아다녔습니다.

대멸종 사건 (MASS EXTINCTION EVENTS)

지구 역사상 다양한 생물군의 개체 수가 한꺼번에 사라진 특정한 사건이 몇 차례 있었습니다. 이를 '대멸종 사건'이라고 합니다.

아래는 지구 역사상 대멸종이 일어난 시기입니다. 최악의 경우 대멸종 사건으로 90%가 넘는 종이 멸종된 것으로 알려져 있습니다.

이 시기는 해양 생태계가 큰 변화를 겪었습니다. 해양동물 중 85% 이상이 멸종했고, 그중 삼엽충(딱딱한 껍질을 가진 무척추동물)이 가장 큰 영향을 받았습니다. 오르도비스기-실루리아기 대멸종은 짧은 시간 동안 지구의 온도가 급격히 떨어지면서 빙하기가 찾아왔고, 엄청난 빙하가 형성되면서 해수면이 내려가며 일어났습니다.

데본기 말 대멸종은 육지에 자라는 새로운 식물들이 나타나 내뿜은 화학물질이 원인인 것으로 알려져 있습니다. 특히 얕은 바다에 사는 해양생물이 큰 타격을 받았는데, 당시 바다에 해양생물을 위한 산소가 충분하지 않았던 것으로 추측됩니다.

'거대한 죽음'으로 알려진 페름기-트라이아스기 대멸종은 최악의 대량 절멸 시기입니다. 이때 오직 4%의 종만이 살아남았습니다. 멸종 원인으로는 시베리아 화산 폭발로 인한 온실가스 배출이 지목되고 있습니다.

오르도비스기-실루리아기 대멸종
약 4억 3천만 년 전

데본기 말 대멸종
약 3억 6천만 년 전

페름기-트라이아스기 대멸종
약 2억 5천만 년 전

과학자들은 트라이아스기-쥐라기 대멸종에 대해 아직도 활발히 연구하고 있습니다. 이 대멸종은 미국의 거대한 화산 폭발과 해수면 하강으로 일어났다고 추정되고 있습니다. 화산에서 분출된 용암과 가스는 지구의 온도를 상승시켰고, 산성비가 내려 해양 생태계를 오염시킨 것입니다.

백악기-팔레오기 대멸종은 대중에게 '공룡 멸종 시기'로 잘 알려졌지만, 공룡뿐 아니라 다른 생물 종도 함께 멸종되었습니다. 암모나이트, 익룡, 플레시오사우루스 등 육지에 사는 생물이 멸종했고, 그 외에 해양 생물인 조류도 사라졌습니다. 소행성 충돌과 화산 폭발로 인한 기후 변화가 대멸종의 원인으로 밝혀졌습니다.

제4차 대멸종 사건은 다른 대멸종 사건보다 상대적으로 작은 규모지만, 다양한 포유동물들에게 영향을 미쳤습니다. 제4차 멸종사건은 인간이 처음 사냥을 시작했을 무렵에 일어났고, 인간의 무분별한 사냥으로 일어났을 가능성이 큽니다.

대부분 과학자는 현재 대멸종이 한 가운데 있으며 인간이 주된 원인이라고 믿고 있습니다. 우리가 당장 행동을 바꿔야 하는 중요한 이유입니다. 우리는 지구에 남아있는 고귀한 생명체를 구하기 위해 노력해야 합니다. 인간의 생활 방식에 조금의 변화를 준다면, 우리는 앞으로 더 많은 동물의 멸종을 막을 수 있을 것입니다.

트라이아스기-쥐라기 대멸종
약 2억 년 전

백악기-팔레오기 대멸종
약 6500만 년 전

제4차 멸종사건
약 1만 년 전

인간은 또 다른 대멸종을 일으키고 있나요?

나사로 종(LAZARUS SPECIES)

다음에 소개할 동물들은 멸종된 줄 알았는데 야생에서 재발견 되거나, 사라진 지 수천 년 뒤에 다시 모습을 드러낸 생명체들을 말합니다.

보르네오 무지개 두꺼비
BORNEAN RAINBOW TOAD

1920년대에 찍힌 사진으로만 남아있던 희귀 양서류인 보르네오 무지개 두꺼비는 멸종된 것으로 추정되었습니다. 하지만 2013년, 과학자들은 보르네오섬 나무에서 살아 있는 보르네오 무지개 두꺼비를 발견했습니다.

검정지느러미상어
SMOOTHTOOTH BLACKTIP SHARK

100년 이상 멸종한 것으로 알려진 검정지느러미상어는 2008년 쿠웨이트 수산 시장에서 다시 모습을 드러냈습니다.

버뮤다 슴새
BERMUDA PETREL

버뮤다에서 '캐하우'로 알려진 버뮤다 슴새는 300년 이상 멸종된 것으로 여겨졌습니다. 1951년에 다시 발견되었을 때 18쌍이 남아있었지만, 지금은 약 100(50쌍)마리가 서식하는 것으로 추정되고 있습니다.

뉴기니 고산 야생 개
NEW GUINEA HIGHLAND WILD DOG

마치 노래하는 듯한 독특한 울음소리 때문에 '노래하는 개'로 알려진 뉴기니 고산 야생 개는 50년 동안 멸종된 것으로 알려졌습니다. 하지만 2016년 환경운동가의 카메라에 100장 이상의 사진이 찍혔고, 뉴기니 고산 야생 개가 여전히 살아 있다는 것이 증명됐습니다.

실러캔스
COELACANTH

과학자들은 실러캔스가 6천 5백만 년 전에 공룡과 함께 멸종되었다고 생각했습니다. 하지만 1938년 남아프리카 인근 해역에서 살아 있는 실러캔스 한 마리가 포획되었고, 실러캔스는 현재 '살아 있는 화석'으로 불리고 있습니다.

차코페커리
CHACOAN PECCARY

멸종된 줄 알았던 털 많은 돼지 차코페커리는 1972년 남아메리카의 건조하고 외딴 그란차코 지역에서 무리로 발견됐습니다. 전 세계에 약 5천 마리가 남아있지만 안타깝게도 여전히 인간의 무분별한 사냥과 서식지 감소로 멸종 위기에 처해 있습니다.

멸종 연대기(EXTINCTION TIMELINE)

멸종 연대기는 이 책에 등장하는 무섭고 거대한 카메로케라스부터 비밀스러운 포르모산 구름표범에 이르기까지 35마리의 동물들이 언제 멸종했는지를 보여줍니다.

LOST SPECIES
사라진 동물들

1판 1쇄 인쇄 2022년 5월 20일
1판 1쇄 발행 2022년 5월 30일

글 제스 프렌치 | **그림** 다니엘 롱
펴낸이 정윤화 | **펴낸곳** 더모스트북
옮긴이 명혜권 | **편집** 이윤선 | **디자인** S and book (design S)
출판등록 제2016-000008호
주소 강북구 인수봉로 64길 5 | **전화** 02-908-2738 | **팩스** 02-6455-2748 | **이메일** mbook2016@daum.net
ISBN 979-11-87304-32-6 73470 | **정가** 20,000원

우리동네책공장은 더모스트북의 아동브랜드입니다.

LOST SPECIES
Text copyright © Jess French, 2019
Illustrations copyright © Daniel Long, 2019
First published in Great Britain in 2019 by Wren & Rook The right of Jess French and Daniel Long to be identified as author and illustrator respectively of this work has been asserted by them in accordance with the Copyright, Designs and Patents Act 1988.
Korean edition copyright © The Mostbook, [2022]
All rights reserved.
This Korean edition published by arrangement with Hodder & Stoughton Limited, on behalf of its imprint Wren & Rook, a division of Hachette Children's Group, through Shinwon Agency Co., Seoul.
이 책의 한국어판 저작권은 신원에이전시를 통해 저작권사와의 독점 계약으로 더모스트북에 있습니다.
저작권법에 의해 한국 내에서 보호를 받는 저작물이므로 무단전재와 무단복제를 금합니다.

글 제스 프렌치

열정적인 수의사이자 동물학자 그리고 환경 운동가로, 〈BBC Wildlife〉 잡지에서 선정한 영국의 50대 환경 운동가로 선정되기도 했습니다.
그녀는 영국 BBC의 유아전문 채널 CBeebies에 자신의 TV 시리즈를 선보이기도 했고, 여러 방송사에서 환경과 동물 관련 프로그램을 진행했습니다.
현재 그녀는 어린이들을 위한 환경 도서를 쓰고 지구를 살기 좋은 곳으로 만들기 위해 노력하며 지내고 있습니다.

그림 다니엘 롱

영국 동부의 노퍽 지역에서 활동하는 일러스트레이터로, 영국 노리치 예술대학교를 졸업했습니다. 다니엘은 주로 디지털 기기로 작업하고
이미지에 깊이와 강렬함을 주기 위해 질감과 명암을 더하는 걸 좋아합니다. 이 책은 한국에서 출판되는 다니엘의 첫 책입니다.

옮긴이 명혜권

도서관 사서로 일하며, 프랑스와 영어 그림책을 기획하고 우리말로 옮기는 일을 하고 있고, 《도서관에 나타난 해적》, 《꼬마 여우》, 《커다란 포옹》 등
여러 책을 우리말로 옮겼습니다.